# SPRÜCHE-KLOPFER?

## INSPIRATION DURCH PROVOKATION

# 3

Daniel Hoch

© 2020 Daniel Hoch

| | |
|---|---|
| Umschlaggestaltung: | honigbart°, Jürgen Schulz |
| Lektorat/Korrektorat: | Lisa Billing |
| Verlag: | Erfolgshoch Verlag (Inh. Daniel Hoch), Karl-Liebknecht-Straße 66, 04275 Leipzig |
| Druck: | tredition GmbH, Hamburg |
| ISBN Paperback: | 978-3-948767-29-7 |
| ISBN E-Book: | 978-3-948767-30-3 |
| ISBN Hörbuch: | 978-3-948767-44-0 |

Bibliografische Information der Deutschen Nationalbibliothek:
Die Deutsche Nationalbibliothek verzeichnet diese Publikation
in der Deutschen Nationalbibliografie; detaillierte bibliografische
Daten sind im Internet über http://dnb.d-nb.de abrufbar.

# Inhalt

# Vorwort

*„Nicht der Ton macht die Musik,*
*sondern der Komponist."*

Du kennst sicher die Lebensweisheit „Der Ton macht die Musik." Bei diesem Spruch geht es um die Art und Weise, *wie* Du etwas sagst. Wenn Du den Spruch etwas länger durchdenkst, wirst Du feststellen, dass ein einzelner Ton oder auch mehrere Töne noch lange keine Musik machen. Die Musik ist vom Komponisten abhängig und was er aus den einzelnen Tönen rausholt, welcher Ton auf einen anderen folgt, wie er sie zusammenstellt und die Musiker miteinander in Einklang bringt und was am Ende dabei herauskommen soll.

Wenn Du sagst, „Der Ton macht die Musik.", dann entziehst Du Dich Deiner Verantwortung. Denn Du gibst der Art und Weise die Schuld und nicht dem Menschen, der diese Art und Weise gewählt hat. Du bist verantwortlich für Deine Gedanken, Dein Tun und Deine Ergebnisse, vor Dir selbst und vor anderen.

Genauso ist es auch mit Deinen Gedanken. Es ist entscheidend, welche Gedanken Du hast und was Du aus diesen Gedanken machst, also welche Wahrnehmung Du hinsichtlich Deines Lebens hast. Überlege also immer, wenn Du Deine Erfahrungen und Erlebnisse aus der Vergangenheit anschaust, was Du aus diesen jetzt in der Gegenwart machst. Die Wahrnehmung Deiner Erlebnisse und Erfahrungen ist wichtig.

Es macht nicht der Ton die Musik, sondern der Komponist. Der Ton ist lediglich die Grundlage. Deshalb bestimmen auch Deine Gedanken und Erlebnisse nicht Dein gesamtes Leben, sondern was Du aus ihnen machst. Du bist der Komponist Deines Lebens.

Aus diesem Grund ist es für mich in diesem Buch wichtig, mich weniger auf den Ton meiner Worte zu konzentrieren, sondern mehr auf das Ergebnis und auf das, was ich bewirken möchte. Deshalb wähle ich den provokanten Ton. Du wählst, was Du aus Deinen Gedanken und Erfahrungen machst.

Ich freue mich, dass Du zum dritten Teil von „Sprücheklopfer?" gegriffen hast, um Dich auf meine Inspiration durch Provokation einzulassen. Du hältst den dritten Teil in den Händen. Die Resonanz der ersten beiden Teile ist bisher klasse. Wie Du sicherlich schon weißt, haue ich meine Sprücheklopfer immer wieder in Keynotes, Seminaren und Coachings raus. Je mehr ich Menschen in ihrer Entwicklung unterstütze, desto mehr provokante Weisheiten sammle ich. Ich habe noch so viele Sprüche rauszuhauen, die ich möglichst vielen Menschen mit auf den Weg geben möchte!

Es ist durchaus möglich, dass der ein oder andere Spruch Ähnlichkeit mit einem bereits existierenden Zitat hat. Ich habe alles getan, um zu überprüfen, ob mein Spruch eine Erinnerung oder eine Wiederholung eines anderen Zitats ist. Wenn das bei einem Spruch der Fall sein sollte, dann verneige ich mich vor dem Urheber und freue mich, dass wir die gleichen Gedanken haben. Wenn ich jemandem Unrecht getan habe, dann definitiv nicht mit Absicht. Kontaktiere mich bitte unter: presse@danielhoch.com.

Ich wünsche mir, dass jede/r, der sich durch meine Sprüche inspiriert fühlt, diese weiterträgt und teilt, auch gern meinen Namen darunter schreibt und mich zitiert. Liebevoller Dank.

Dieses Buch ist für Dich und für Deine persönliche Entwicklung. Es ist der passende Weg für Deine Selbstreflexion, wenn Du gerne herausgefordert und in Deinem Denken in Frage gestellt wirst. Mir geht es übrigens nicht darum, Dir meine Denkweise aufzudrücken. Deshalb spreche ich in diesem Buch auch keine Empfehlungen aus. Es ist kein typisches Coaching-Buch, in dem ich Dir eine bestimmte Denk- und Handlungsweise empfehle und Aufgaben dazu gebe.

Dieses Buch ist dafür da, Deine Denkweisen zu erweitern und Dir neue Blickwinkel zu zeigen, sodass Du freier wählen kannst, wie Du zukünftig über bestimmte Themen denkst. Es liegt mir fern, Dir Worte in den Mund zu legen. Ich schenke Dir mit weiteren 52 Sprüchen lediglich die Möglichkeit, neue Möglichkeiten zu sehen und neue Potenziale in Deinem Denken auszuschöpfen. Wenn Du noch mehr Denkanstößen und neue Perspektiven bekommen möchtest, dann lies auch den ersten und den zweiten Teil von „Sprücheklopfer?".

### Mein Ziel: Inspiration durch Provokation.

# SPRÜCHEKLOPFER?

„Oft suchst Du
den Ausgang
und hast
noch nicht mal
den Eingang
gefunden."

Oftmals willst Du raus aus einer Situation, aus einem bestimmten Abschnitt Deines Lebens, Verhältnissen oder Beziehungen. Dabei hast Du noch nicht richtig verstanden, wofür Du in genau diesen Verhältnissen bist. Was hast Du dafür getan, um in diesen Zustand zu kommen? Wofür ist es gut, da drin zu sein? Warum kommst Du aus diesen Zuständen und Situationen nicht so schnell heraus? Warum gerätst Du sogar immer wieder in sie hinein? Weil Du erstens, noch nicht gelernt hast, damit umzugehen oder zweitens, aus diesen Situationen für die Zukunft noch nicht gelernt hast.

Der liebe Gott schickt Dir immer wieder Situationen und Menschen, die Du eigentlich nicht haben willst. Damit Du lernst. Solange Du immer nur versuchst, aus einem Thema heraus oder in ein neues Thema hereinzukommen, hast Du immer nur ein Wechselbad der Gefühle. Das bringt Dich immer wieder dahin, dass das, was Du hast, immer wieder das ist, was Du nicht haben willst. Wenn Du nicht versuchst, das zu verstehen und zu lernen, damit umzugehen und wahrhaftig etwas zu bewirken, statt nur zu flüchten, dann lebst Du nur in einem Scheinzustand. Einem sogenannten Wachkoma.

„Größe hat
bescheidene Wurzeln
in unliebsamen
Gewohnheiten."

Es geht nicht nur darum, Dir zu überlegen, wie Du Deine Zeit und Dein Selbst besser managest, wie Du bessere Pläne schmiedest, wie Du leichter und einfacher an Deine Ziele kommst. Sondern es geht vor allem um die Frage: Wie kannst Du die Störfaktoren beseitigen, die Dich von Deinem Ziel abbringen oder abhalten? Wie schaffst Du es mit einem guten Störmanagement, im Voraus Störfaktoren, die eintreten können, zu planen und zu managen, wie Du dann mit ihnen umgehst? Und wie gehst Du mit kurzfristigen Störungen von außen um?

Was sind die Gewohnheiten, die Dich stören? Unliebsame Gewohnheiten sind die kleinen Dinge, die Dich abhalten. Wie das Drücken der Snooze-Taste am Morgen. Oder bei längeren Autofahrten die immer gleichen Nachrichten zu hören. Normales Fernsehschauen, das Dir rückblickend einfach nichts bringt. Mach Dir deshalb klar, welche Gewohnheiten Du Dir abgewöhnen und welche Du Dir neu angewöhnen willst. Bedenke dabei, dass das Angewöhnen leichter als das Abgewöhnen ist. Du kannst alte Gewohnheiten erst abgewöhnen, wenn Du eine Alternative für Deine Vorgehensweise gefunden hast, damit Du die alte, unliebsame Gewohnheit austauschen kannst.

„Du kannst
dich nicht aus
Deinen Problemen
herausreden,
die Du durch Dein
eigenes Verhalten
erschaffen hast."

Probleme werden oftmals durch Dein eigenes Verhalten geschaffen. Du gibst dennoch immer wieder anderen Menschen, den Umständen oder Deinem Schicksal die Schuld an ihnen, statt selbst die Verantwortung für sie zu übernehmen. Es geht nicht nur darum, dass Du die Verantwortung für Dich und andere übernimmst, sondern, dass Du Dir Deine eigene Schuld eingestehst. Gestehe es Dir ein, wenn Du etwas verkackt hast. Du bist Schuld. Dann bist Du am Tiefpunkt angekommen, vergibst Dir, dankst Dir für diese Lehreinheit und überlegst: Was nimmst Du aus diesem Problem, dieser Situation mit? Was darfst Du lernen? Was willst Du lernen?

Die Frage ist, wie Du letztendlich mit dieser Schuld und den Problemen umgehst. Die anderen werden Dich da nicht rausholen. PRO-bleme sind immer für etwas gut. Und wenn sie für etwas gut sind, kommen sie immer wieder in Dein Leben, um Dich zu entwickeln. Vielleicht kommt das Problem an einer anderen Stelle, in einer anderen Form oder in Form einer anderen Person wieder. Nimm es an und sieh die Möglichkeiten Deiner persönlichen Entwicklung. Du musst Probleme nicht suchen. Du darfst sie allerdings dankbar annehmen.

„Du (miss)brauchst
oft die Schwächen
des anderen,
um Deine eigenen
zu verbergen."

Anstatt die Schwäche des anderen auszugleichen, ganz nach dem Prinzip „Ergänzen statt vorwerfen" und anstatt einfach der Bessere zu sein, solltest Du lieber dem anderen helfen, besser zu werden und mehr aus sich selbst herauszuholen. Sprich: Hilfe zur Selbsthilfe geben.

Was Du jedoch machst: Du suchst ganz gezielt, wenn auch oft auf unbewusstem Weg, die Schwächen des anderen, um selbst besser dazustehen, anstatt den anderen besser zu machen, so dass er sich selbst weiterentwickelt. So erlebst Du häufig in Beziehungen, als auch im Beruf, dass Vorgesetze, Führungskräfte und Geschäftsführer sich Mitarbeiter suchen, die zwar gut bis sehr gut sind, allerdings nie auf die Idee kommen sollten, am Stuhl des Vorgesetzten zu sägen. Daher suchen die meisten Menschen Partner eher eine Etage tiefer und hoffen, auf Augenhöhe miteinander zu leben und zu arbeiten. Was allerdings nie funktionieren wird, sondern immer nur ein kurzes gutes Gefühl gibt. Jedoch nur für das Ego und weniger für den Selbstwert.

„Erkenne
Deine Stärke
und lebe diese
mit Leidenschaft:
Klarheit, Wille und
absolute Disziplin."

Kennst Du das? Wenn Du Dich selbst einschätzen sollst, fällt Dir immer zuerst das ein, das nicht so toll an Dir ist oder was nicht optimal gelaufen ist. Du siehst eher Deine Schwächen und kritisierst liebend gern an Dir herum. Welche Pflanze wächst schneller, die, die Du aufmerksam pflegst oder die, die Du vernachlässigst?

Konzentriere Dich auf Deine Stärken. Stärke Deine Stärken und Du schwächst Deine Schwächen. Falls diese Eigenschaften, die Deine Schwächen sind, allerdings notwendig sind, dann lerne aus der Schwäche heraus eine Stärke zu entwickeln. Was ist gut daran, schwach zu sein? Das zeigt Dir nämlich, wie stark Du an einer anderen Stelle bist. Was Du immer machen kannst: Suche Dir Menschen, die in den Dingen, in denen Du schlecht bist, richtig gut sind. Werdet ein Team. Gib dem anderen jeweils das, was er braucht, um selbst zu bekommen, was Du brauchst.

Bekomme Klarheit darüber, worauf Du Lust hast, wo Deine Talente, Fertigkeiten, Fähigkeiten liegen? Wo sind Deine Stärken? Was kannst Du richtig gut? Überlege Dir dann, wo Du das perfekt einsetzt, wo diese Stärken gebraucht werden und wo es egal ist, welche Schwächen Du hast. Setze sie mit einer radikalen und absoluten Disziplin ein.

„Gleichberechtigung heißt, jeden individuell zu behandeln. Sonst wäre es Gleichmacherei."

„Es sollen alle gleichberechtigt sein!", diesen Satz höre ich immer wieder. Dem stimme ich grundsätzlich auch zu. Die Frage ist nur, was Gleichberechtigung wirklich heißt. Heißt es, dass jeder das Gleiche tun muss, um das Gleiche zu bekommen? Heißt es, dass alle zur gleichen Zeit mit der Arbeit beginnen müssen? Oder dass alle gleich viele Wochenstunden, unabhängig von der individuellen Lebenssituation, leisten müssen? Das alles ist Gleichbehandlung und hat nichts mit Gleichberechtigung zu tun.

Gleichberechtigung heißt, dass jeder das Recht hat, individuell behandelt zu werden und das zu leben, das aufgrund seiner individuellen Eigenschaften, Talente, Motivationen, für ihn das Beste ist. Und nicht, was andere glauben oder was alle machen. Wenn Du willst, dass alle das Gleiche machen, dann ist das einfach nur Gleichmacherei und keine wahrhafte Gleichberechtigung.

„Es ist meist
einfacher für Dich,
Urteile zu
übernehmen,
als Dich gegen sie
zu wehren."

Das hat zwei Gründe. Erstens: Circa 98 % der Dinge, die wir tun, basieren auf alten Gedanken und Erfahrungen. Zweitens: Du suchst immer eher nach Gleichgesinnten. Deswegen hältst Du in allem, was Du siehst, hörst, riechst, schmeckst immer erstmal nach Deckungsgleichheit und Gleichförmigkeit Ausschau, statt nach Unterschiedlichkeit.

Dadurch haben wir Menschen so schnell gelernt, die drei Urteile zu fällen: wir vor-urteilen, wir be-urteilen und ver-urteilen. Dadurch, dass Du eher bewertest, als verwertest, fällt es Dir schwer, Dich überhaupt gegen ein Urteil zu wehren. Denn wenn Du ein Urteil gut findest, denkst Du nicht weiter darüber nach und stellst es nicht in Frage. Das ist bequem. Wenn Du ein Urteil schlecht findest, dann denkst Du nicht darüber nach, was daran trotzdem gut sein könnte. Du siehst immer nur diese eine Sichtweise und niemals die zweite, dritte oder vierte.

Wenn ich eine andere Meinung habe, als ein anderer, dann gehe ich immer grundsätzlich davon aus, dass ich falsch liege, um den Blickwinkel des anderen zu bekommen, den anderen besser zu verstehen und um zu lernen.

„Unternehmertum ist ein Bewegungssport."

Es gibt immer wieder Menschen, die sich selbstständig machen oder freiberuflich arbeiten und die das unter dem Motto „Über Nacht kommt der Erfolg" machen. Damit der Erfolg über Nacht kommt, ist harte Arbeit den Tag über die Grundlage.

Unternehmertum heißt auch nicht, dass Du einfach irgendetwas unternimmst und Dich beschäftigst. Unternehmertum bedeutet, dass Du nicht arbeitest wie bei einem Sprint, sondern eher wie bei einer Tour de France. Es geht auch nicht um das „work hard – play hard", sondern eher „work smart", arbeite clever statt hart. Es gibt einerseits die Menschen, die denken, der Erfolg käme über Nacht und die anderen, die sagen, für Erfolg musst Du richtig hart arbeiten.

Egal was Du unabhängig von beidem denkst, beides ist einschränkend. Natürlich gibt es Menschen, die über Nacht Erfolg haben. Es gibt allerdings auch Menschen, die hart arbeiten und keinen Erfolg haben. Es gibt immer alles. Das beste Rezept ist: Glaube grundlegend daran, dass das, was Du tust, Erfolg hat und dass es mit kleinen und auch mit großen Schritten funktionieren kann. Im Unternehmertum gibt es immer Höhen und Tiefen. Es gibt anstrengende Parts und es gibt Parts, in denen Du es auch einfach laufen lässt.

„Sei wie Du
sein möchtest
und nicht nur wie
Du bereits bist."

Deine Vergangenheit bestimmt Deine Gegenwart und die Gegenwart bestimmt die Zukunft. Wie oft höre ich Menschen sagen: „Ich bin halt so." Wer das denkt, denkt nur im Ergebnis der vergangenen Erfahrungen und Erlebnisse. Dann lebst Du in der Vergangenheit. Wenn Du mit irgendetwas unzufrieden bist oder etwas anderes erreichen magst, dann darfst Du Dir im ersten Schritt nicht überlegen, wo Du herkommst und wer Du bist, sondern wo Du hin willst und wer Du sein möchtest.

Frage Dich also, wer Du in den nächsten Jahren werden willst? Welche Dinge wirst Du deshalb tun? Und was wirst Du dadurch haben? Fokussiere Dich auf die Zukunft und schöpfe Deine Potenziale und Möglichkeiten auf die Zukunft gerichtet und nicht von der Vergangenheit aus. Denke im Heute so oft wie möglich auf die Art und Weise, wie Du zukünftig sein willst und was heute dafür zu tun ist.

„Perfektionismus
führt zur Verzögerung
und diese führt
zur Lähmung."

Perfektionismus ist eine der größten Ursachen von Aufschieberitis. Weil Perfektionismus nicht im Tun beginnt, sondern im Denken davor. Die meisten Menschen kommen aus diesem Denken nicht heraus und nicht in die Umsetzung, weil sie im Kleinen alles versuchen, um es perfekt zu machen. Sie gehen nicht erst pragmatisch an, um es danach perfekt zu machen. Es geht auch nicht darum, etwas perfekt zu machen, sondern exzellent.

Perfektionismus führt zur Verzögerung, weil Du nie anfängst, bevor es perfekt ist. Es kann allerdings gar nicht perfekt werden, weil Du als Perfektionist ja immer noch etwas findest, das nicht perfekt ist. Warum? Weil es einfach nicht perfekt ist. Du wirst nie fertig. Und wenn Du nie fertig wirst, dann legst Du auch einfach nicht mehr los und präsentierst auch nichts. Du wirst mit dem Einen nicht fertig und fängst das andere nicht an. Du bist getrieben, spürst den inneren Zwang, etwas perfekt machen zu müssen und bist zugleich gelähmt. Wenn Du das erkennst und Dich trotzdem nicht gegen den Perfektionismus wehrst, wirst Du langsamer.

Die höchste Steigerungsform: Dein Perfektionismus ist so stark und so unbewusst, dass er Dich nicht nur verlangsamt, sondern komplett lähmt. Dein innerer Zwang sorgt dafür, dass Du nie fertig wirst. Das fühlt sich vielleicht sogar richtig an, denn dann hast Du einfach immer etwas zu tun und der Perfektionismus seine Berechtigung. Dann gibt es ja immer noch etwas zu erledigen.

„Nur weil Du
viel bewegst,
heißt es nicht,
dass Du viel
bewirkst."

Kennst Du das Gefühl? Du kommst abends nach Hause und weißt, Du hast echt viel getan. Und dennoch hast Du das Gefühl, nicht wirklich etwas geschafft oder gar bewirkt zu haben. Das liegt daran, dass Du oftmals nur beschäftigt bist und nicht wirklich produktiv. Das liegt daran, dass wir heutzutage häufig auf der Effizienzebene unterwegs sind, sprich dass wir innerhalb einer bestimmten Zeit so viel wie möglich schaffen wollen, statt effektiv zu sein, also alles dafür zu tun, um an das wirklich geile Ziel zu kommen.

Bevor Du etwas in Gang bringst und bewegst, frage Dich immer zuerst, was Du bewirken möchtest. Welche Wirkung wünschst Du Dir und welche bringt Dich näher an Dein Ziel? Wäge Dein Verhalten unter diesem Aspekt ab: In welche Richtung soll es gehen und wie mache ich das richtig? So wählst Du erst die Richtung und dann die Richtigkeit, beziehungsweise erst den Effekt und danach die Effizienz. Dann agierst Du proaktiv und wirkungsvoll. Es geht weniger darum, viel zu tun, sondern das zu tun, das wahrhaftig bewirkt.

„Manchmal hast
Du so viel Einblick,
dass Dir der
Überblick fehlt."

Immer wieder steigerst Du Dich nicht nur sachlich und fachlich extrem in eine Situation hinein, sondern vor allem auch emotional. Dadurch hast Du einen extrem guten Einblick, gleichzeitig verlierst Du damit allerdings den Blick auf die größeren Zusammenhänge, also den Blick über den Tellerrand hinaus. Weil Du Dich hineinsteigerst und nur noch mit Scheuklappen durch die Welt läufst und ausschließlich auf dieses Thema schaust, agierst Du eher wie ein Maulwurf, der sich in ein Thema hineingräbt.

Dir fehlt der Rundumblick, der Überblick und Du siehst nicht mehr, ob es mit dieser Sache oder diesem Thema wirklich noch in die richtige Richtung geht. Also in die Richtung, in die es gehen soll. Deshalb ist es wichtig, den Überblick über den Einblick zu behalten. Es ist ein Wechselspiel.

„Dein Geist arbeitet
wie eine Schneekugel,
Du schüttelst ständig
daran. Klarheit entsteht
allerdings durch Ruhe
und Entschleunigung."

Du bist immer gern beschäftigt und wirst zu gern gebraucht. Hauptsache, Du tust etwas. Das ist wie bei einem Stau: Wenn Du den Stau verlässt und die Umleitung nimmst, wirst Du höchstwahrscheinlich nicht schneller ankommen. Warum machst Du es trotzdem? Weil Du erstens die Hoffnung hast, dass Du schneller sein könntest und zweitens das Gefühl, dass Du etwas tust und nicht nur dumm rumstehst.

Es ist immer wieder wichtig, das Tempo aus Deinem Leben rauszunehmen, zur Ruhe zu kommen, still zu stehen, stehenzubleiben, Dich herumzudrehen, den 360°-Blick zu haben und Dir Zeit mit Dir selbst zu nehmen, um zu reflektieren und Dich selbst immer wieder zu inspirieren. Was ist Deine Vision, Deine Mission und Dein Ziel? Ist das, was Du tust, das, was Du willst?

Reflektion geht leichter, wenn Du kurz innehältst und Dich umblickst in alle Richtungen Deines Lebens und nicht einfach nur stur geradeaus oder nach unten auf Deinen Weg. Es ist zwar schön, wenn es schneit und Action ist, bei einem Schneesturm siehst Du allerdings nicht, wo Du hinfährst.

„Es muss manchmal erst Großes passieren, damit Kleines entsteht."

Oft musst Du erst im Tal der Tränen ankommen, um Dinge zu ändern. Ob das Deine Gesundheit betrifft oder Schicksalsschläge. Irgendwie kapieren wir Menschen es nicht, dass es angenehmer und auch wesentlich proaktiver und zukunftsträchtiger ist, wenn wir aus einer Lage, in der es uns gut geht, überlegen, wie wir Dinge gestalten, verbessern, anders machen oder neu entwickeln.

Scheinbar setzt es mehr Energie und Kreativität frei, wenn es uns an den Kragen geht. Und das ist tatsächlich auch so. Wenn Du weißt, dass es Dir an den Arsch geht, dann bewegst Du ihn immer tausend Mal mehr, als wenn es Dir gut geht. Wenn Du weißt, dass Du mehr Energie freisetzt, wenn es Dir an den Kragen geht, dann darfst Du Dich auf die harten Schläge des Lebens freuen, denn sie setzen ja viel Energie frei.

Im schlimmsten Fall sorgst Du selber für solche Dinge, damit etwas passiert. Der Körper ist so exzellent, dass er Dir Krankheiten herbeiführt, um stehen zu bleiben und darüber nachzudenken, zu überlegen, was wirklich und wahrhaftig gut für Dich ist. Warum braucht es erst solche Schläge? Weil Du es sonst nicht kapierst. Freu Dich auf Schicksalsschläge. Zuvor hast Du es offensichtlich nicht gelernt und Du hast eine weitere Möglichkeit zu wachsen.

„Erfüllt ein
anderer Deine
Erwartungen nicht,
die Du mit ihm
vereinbart hast,
dann hat
nicht er Dich,
sondern Du Dich
enttäuscht."

Wenn Du Erwartungen hast, dann wartest Du ab. Du tust in diesem Moment nichts selbst, egal ob Du von Deinen Erwartungen ausgehst oder sie mit jemandem vereinbart hast. Lerne, im Leben damit umzugehen, dass Du immer wieder Träume und Ziele hast und wie Du damit umgehst, wenn sie nicht erfüllt werden. Sei es von Dir selbst, oder von anderen. Weil Du die Enttäuschung, die Du erlebst, selber spürst. Sie hat eine Auswirkung auf Dich, allerdings auch immer auf den anderen.

Der andere wird für seine Handlungen und Nicht-Handlungen, die von Deinen Erwartungen abweichen, immer Gründe haben. Egal welche Gründe er hat und ob er sie Dir nennt, es bringt Dich nicht vorwärts. Pack die Dinge von vornherein selbst an oder wenn Du in eine Zusammenarbeit gehst und es klappt nicht so, wie Du oder der andere es sich vorgestellt haben, dann mach trotzdem weiter. Solche Situationen dienen immer wieder dazu, zu lernen. Ohne Deine eigenen Erwartungen, Wünsche, Träume und Ziele zu untergraben, beziehungsweise im stillen Kämmerlein einzuschließen. Denn das ist es, was wir heutzutage immer wieder erleben.

Entweder A: Du hast Erwartungen, die nicht erfüllt werden und bist enttäuscht.

Oder B: Du hast keine Erwartungen und bist dann auch nicht enttäuscht.

Entweder Du hast keine Erwartungen mehr, oder Du wirst enttäuscht. Lieber Wolke 4 als Wolke 7. Deswegen plädiere ich für Erfahrungen, statt Erwartungen. Erfahre was passiert, lerne daraus, mach weiter. Geh lieber los und sammle Deine Erfahrungen, statt Erwartungen zu haben. Dann bist Du in Bewegung, nicht im Stillstand. Du wartest nicht ab, um dann enttäuscht zu werden, sondern Du sammelst Deine Erfahrungen, um Dich weiterzuentwickeln, um das zu bekommen, was Du haben willst.

„Ob es richtig
oder falsch ist,
zeigt nicht der Weg,
sondern das
Ergebnis."

In den letzten Jahrzehnten wurden wir gelehrt: „Der Weg ist das Ziel." Nur, was bringt der beste Weg, wenn Du Dein Ziel nicht erreichst? Und andersherum, was bringt das beste Ziel, wenn der Weg dorthin scheiße ist? Nichts destotrotz steht die Frage im Raum: Willst Du gewinnen und ein Ergebnis erzielen oder willst Du Dich gut fühlen?

Gerade wenn es darum geht, neue Wege zu gehen, lässt Du die Bewertung, ob es der richtige Weg ist oder nicht, von vornherein weg. Denn Du warst noch nie am Ende des Weges und bist gar nicht in der Lage, einzuschätzen, ob er richtig oder falsch ist. Statt selbst zu bewerten, wird er Dir das Ergebnis zeigen. Wenn Du allerdings mit Vorsicht an die Sache herangehst, weil Du nicht weißt, ob es eben der richtige oder der falsche Weg ist, dann lähmst Du Dich selbst und wirst nie herausfinden, ob der Weg Dich in die Richtung gebracht hat, in die Du gehen willst.

Letztendlich braucht es beides. Es braucht den Weg und das Ziel. Warum solltest zu bis zum Ende warten, um dann festzustellen, dass der Weg der falsche war? Deswegen ist es wichtig, Zwischenziele zu haben, um anhand der Zwischenergebnisse zu schauen, ob Du auf dem Weg bist, der Sinn macht und ob er in die Richtung geht, in die Du gehen willst.

„Klarheit fällt
nicht vom Himmel
oder kannst Du nicht
im Supermarkt
kaufen –
Du musst schon
selbst dafür sorgen."

Ich treffe immer wieder Menschen, die Klarheit haben wollen. Über sich selbst, über das eigene Denken und über Ihre Träume und Ziele. Sie hoffen, dass sie durch das Lesen eines Buches oder den Besuch eines Seminars zu Klarheit kommen.

Und ja, ein Buch oder ein Seminar reichen manchmal aus. Das hängt allerdings nicht davon ab, wie schnell Du das Buch liest oder wie teuer das Coaching war. Wenn Du einfach nur konsumierst, wirst Du keine Klarheit bekommen. Es hängt immer davon ab, was Du letztendlich daraus *machst*. Welche Erkenntnisse hast Du gewonnen und was leitest Du für Dein zukünftiges Leben daraus ab? Wo darfst Du Dich in Deinem Denken weiterentwickeln? Wo darfst Du Dich anders verhalten, um andere Ergebnisse zu bekommen? Klarheit zu bekommen, ist der erste Schritt, um Klartext zu reden.

„Es gibt mehr als
gut oder schlecht,
es gibt die
offene Variable:
Sie heißt anders
und ist größer als
Du bisher denkst."

Du schaust immer erstmal, ob Situationen und Erlebnisse gut oder schlecht sind. Du gehst damit sofort in die Bewertung und Verurteilung. Du fragst nicht, ob es Sinn macht und ob es in die Richtung zielt, in die Du gehen möchtest. Du handelst nach dem Entweder-oder-Prinzip. Das ist das erste Level. Du machst die alten Dinge immer nur neu oder besser. Die Dinge neu zu machen, bedeutet dabei meist, dass Du einfach wieder von vorne anfängst. Was das Ganze meist doch nicht besser macht.

Nach dem Entweder-oder-Prinzip folgt das zweite Level: Das Sowohl-als-auch-Prinzip. Dieses Prinzip bringt Dein altes und Dein neues Denken zusammen. Du handelst sowohl nach Deinem alten, als auch nach Deinem neuen Denken. Das neue Denken ist meist das genaue Gegenteil von dem, was Du normalerweise tun würdest. Dieses Prinzip bringt Dir zwar neue Ideen und Handlungsmöglichkeiten, allerdings steckst Du damit immer noch im Denken, dass das eine Denken besser und das andere schlechter ist.

Erst im Level drei, dem Weder-noch-Prinzip, machst Du die Dinge anders und bist in der Lage, etwas komplett Neues, das es so noch nicht gibt, zu erfinden oder einen Weg zu gehen, den Du so bisher noch nicht gegangen bist. Durch dieses Prinzip löst Du Dich von Deiner Bewertung, ob es gut oder schlecht ist. Denn es ist wahrhaft anders.

„Menschen versuchen, besser zu sein, anstatt wahrhaftiges Verständnis aufzubauen."

Sicher kennst Du das. Ein Mensch in Deinem beruflichen oder privaten Umfeld hat ein Problem, ein Anliegen oder ein Thema, bei dem er einfach nicht weiterkommt oder mit dem es ihm einfach nicht gut geht. Oft versuchst Du dann, ihm zu helfen. Du übernimmst Dinge und machst sie einfach besser, statt Verständnis zu zeigen. Du übernimmst es und gut ist.

Bedenke jedoch, dass Du dem anderen damit nicht unbedingt hilfst. Wenn der andere Hilfe braucht, dann überlegst Du oftmals gar nicht, welche Art von Hilfe er eigentlich bekommen will. Du nimmst es ihm ab, statt Verständnis dafür aufzubringen, wie es dem anderen geht und was er wirklich haben will. Manchmal wollen wir Menschen einfach nur ein bisschen Mitgefühl bekommen, statt dass uns das, was uns schwer fällt, einfach abgenommen wird. Es ist zwar leichter, wenn Du jemanden etwas abnimmst und das Ziel, beziehungsweise die Problemlösung, wird schneller erreicht, allerdings ist es auch egoistisch, Dinge einfach zu übernehmen. Denn Du nimmst ihm damit die Chance, es selber zu machen. Du lässt den anderen nicht in den Kampf der Entwicklung hineingehen. Du nimmst ihm die Chance, zu überlegen, wie er mit einem anderen Denken oder einem anderen Handeln aus dieser Situation wieder herauskommt oder den Konflikt oder das Thema sogar löst. Wenn Du es einfach besser machst oder erzählst, dass Du es in Deinem Leben schon besser gemacht hast, entpuppst Du Dich einfach nur als ein eingebildetes, egoistisches Arschloch.

Wenn der andere wirklich nicht weiterkommt, einen Blackout hat oder Dich darum bittet, es zu übernehmen, weil es seine Schwäche ist, dann hilf. Doch auch hier gilt wie bei Ratschlägen der Grundsatz: Frage vorher nach. Zeige zuerst immer Verständnis und Einfühlungsvermögen, um herauszufinden, was dem anderen wirklich hilft. Ist es die Hilfe zur Selbsthilfe oder das Abnehmen einer Sache?

„Kritisiere nicht die
Schwächen anderer,
sondern
gleiche diese mit
Deinen Stärken aus."

Es ist immer leicht, einen anderen Menschen zu kritisieren. Nur was bringt es, seine Schwächen in den Mittelpunkt zu rücken? Entweder streichelst Du damit nur Dein Ego, weil Du diese Schwächen weniger hast. Oder Du verfällst in Mitleid und legst den Fokus noch mehr auf die Schwächen des anderen. Auf jeden Fall sorgst Du dafür, dass der andere sich eher angegriffen fühlt und zu macht. Du hilfst ihm nicht dabei, zu wachsen.

Mein grundlegendes Prinzip in solchen Situationen ist „Ergänzen statt vorwerfen". Es ist scheiße, wenn Du beim anderen etwas siehst, was er nicht kann und schmierst ihm das auch noch aufs Brot. Frag ihn, ob er tatsächlich Mitgefühl oder einen Ratschlag von Dir möchte. Hilf ihm und frag ihn, wie Du das ausgleichen kannst! Wie kannst Du Deine Stärken nutzen, um dessen Schwächen auszugleichen?

„Manche Dinge
erledigen sich
am besten,
indem Du
sie loslässt."

Kennst Du das? Du willst Projekte zu Ende bringen, weil Du sie schon lange machst. Du hast Habseligkeiten und Gegenstände zu Hause, die Dir nichts bringen, Du hast allerdings so viel Geld investiert. Zum Beispiel Kleidung. Oder Du bleibst in Deiner Beziehung, weil Du sie schon lange hast und es gewohnt bist, zusammen zu sein. Manchmal ist es allerdings besser, die Dinge loszulassen, als sie aus Gewohnheit weiterzuverfolgen, weil damals etwas gut war. Die Frage ist nicht: „War es damals gut?", sondern „Macht es heute weiterhin Sinn?" Es geht nicht darum, was Du schon alles dafür getan hast, sondern, ob es Dir weiterhin das bringt, was Du haben magst. Wenn Du das Wissen hast, dass Dir Investitionen, Dinge oder auch Gewohnheit nichts weiter bringen, oder das Falsche bringen, dann denke darüber nach, ob es Sinn macht, diese loszulassen.

Wenn Du schon weißt, dass eine bestimmte Deiner Verhaltensweisen negativ ist, egal wem gegenüber, dann lass es doch.

Wenn Du merkst, dass Du bei anderen nicht weiterkommst, dann lass es.

Wenn Du bei den Dingen, die Du schon lange machst, nicht weiterkommst, dann lass es.

„Nur weil Du
keine Angst hast,
bist Du noch lange
nicht mutig."

Kennst Du das? Es gibt Dinge, die Du schon seit langem angehen möchtest. Schon seit Monaten möchtest Du einen Menschen aus Deinem Bekanntenkreis besser kennenlernen und zu einem Treffen zu zweit einladen. Oder Du willst Dich seit Monaten von einem Menschen aus Deinem Umfeld trennen, der Dir nicht gut tut. Vielleicht willst Du auch endlich jemandem Deine Meinung und Dinge sagen, die Du Dich zuvor noch nie getraut hast, zu sagen. Vielleicht willst Du endlich Deine Ideen umsetzen und Dein eigenes Business gründen. Du möchtest Dich überwinden und einen Leistungssport beginnen. All das macht Dir nicht unbedingt Angst, denn es sind ja Dinge, die Du gerne tun möchtest. EIGENTLICH hält Dich nichts ab, außer eben ... Ja was denn?! Das ist die große Frage!

Es ist der Mut, der Dir fehlt. Dir fehlt der Mut, trotz Deiner Angst etwas zu tun. Vielleicht kennst Du den Satz: „Ohne Angst kannst Du keinen Mut haben", oder „Ohne Mut, hast Du auch keine Angst." Es geht nicht darum, den Gegenspieler Angst auszuschalten, sondern darum, Angst zu haben, denn Angst ist für etwas gut. Und es ist auch gut, Mut zu haben. Es reicht nicht, keine Ängste zu haben, um große Dinge wahrhaftig anzugehen. Du sollst nicht entweder Angst oder Mut, sondern sowohl Angst, als auch Mut haben. Dadurch entwickelst Du die Gelassenheit und Souveränität, beides zuzulassen und beides bewusst einzusetzen.

„Du machst teilweise
die Dinge zu gerne
noch besser, anstatt
diese einfach beim
Schönen zu belassen."

In solchen Momenten spricht der Perfektionismus aus Dir. Du bist einfach nicht zufrieden mit dem Schönen und willst es perfekt machen. Das ist grundsätzlich nichts Schlechtes, Du solltest Dir nur bewusstwerden, dass Du mit Deinem ausgeprägten Perfektionismus nie fertig wirst. Hast Du schon Mal einen Perfektionisten getroffen, der mit einer Sache fertig geworden ist und rundum zufrieden damit war? Nein. Er findet immer noch einen Krümel.

Manchmal machst Du unbewusst die Dinge wieder schlecht, um sie dann wieder gut zu machen. Denn Du machst Dinge gerne wieder gut, um gut dazustehen. Das ist wie der Feuerwehrmann, der ein Feuer legt, um es zu löschen, um dann der Held zu sein. Oder Du *verschlimmbesserst* es. Das, was gerade wunderschön ist, willst Du aus dem Antrieb heraus, dass Du Kleinigkeiten noch mehr perfektionieren willst, noch viel besser machen. Und je mehr Du daran herumdokterst, umso schlechter wird es.

„Frage Dich nicht,
was Du in Deinem
Beruf verdienst,
sondern, ob Dich
Dein Beruf verdient."

Schau bei Deiner Berufswahl nicht nur darauf, ob genügend Geld herumkommt, ob Du genügend Urlaub und Freizeit hast oder ob Du noch andere Annehmlichkeiten, wie tolle Provisionen bekommst. Sondern schau viel eher darauf, wie viel Zeit Deines Lebens Du darin investierst und ob dieser Beruf es wirklich wert ist, dass Du ein Drittel Deines Lebens damit verbringst. Wie viel bist Du wert, dass Du einen solchen Beruf ausübst? Spiegelt der Beruf Deine Wertigkeit als Mensch wider? Angefangen bei den vier Komponenten, nämlich Deiner Motivation, Lust, Fähigkeiten und Fertigkeiten.

Das Wichtigste an diesem Spruch ist allerdings: Du verbringst so viel Zeit in Deinem Beruf, mehr als mit Deinen Liebsten, Deinen Freunden, Deiner Familie und mit Dir selbst allein, dann muss es schon ein Beruf sein, der für Dich richtig geil ist und der es einfach wert ist, so viel von Deiner wertvollen Lebenszeit in Anspruch zu nehmen.

„Es gibt niemanden,
dem Du Dich
beweisen musst."

Es geht um Dein Selbstbewusstsein, Deinen Selbstwert, Deine Selbstverantwortung und damit um Deine Selbstwirksamkeit und das eigentliche Ziel: Deine Selbstverwirklichung. Du wählst, wer Du sein willst. Du wählst, was Du sein willst. Du wählst, was Du tust. Und Du wählst auch, was Du haben willst. Es sind Deine Wünsche, Deine Träume und Deine Ziele.

Du wählst sie unabhängig von den Bedürfnissen und Vorstellungen anderer. Du musst es weder jemandem recht machen, noch musst Du jemandem beweisen, was Du alles kannst und was Du erreichst. Am Ende stehst Du vor Deinem Grab und reflektierst, ob es *das* Leben war, das Du leben wolltest.

„Niemand ist authentischer als der, der sich selbst etwas vormacht."

Was ist Wahrheit und was ist Lüge? Und was hat das mit der Authentizität zu tun? In wissenschaftlichen Tests wurde herausgefunden, dass andere Menschen Dich viel objektiver und klarer sehen, als Du Dich selbst wahrnimmst, weil Du in Deiner Psyche den sogenannten ‚blinden Fleck' hast. Das sind die Eigenschaften von Dir, die Du geschickt ausblendest, um Dich selbst nicht schlecht zu fühlen. Indem Du bestimmte Eigenschaften ausblendest und Dir ein Scheinbild Deiner selbst kreierst, machst Du Dir selbst etwas vor, wer Du bist. Diese Selbstwahrnehmung ist Deine Wahrheit, die oftmals nicht der Fremdwahrnehmung von außen entspricht. Das tut Deiner Überzeugung so lange keinen Abbruch, wie Du Deine Wahrheit über Dich uneingeschränkt behalten möchtest.

Die Lüge ist immer für denjenigen die Wahrheit, der an die Lüge glaubt und sie als Wahrheit betitelt. Er nimmt die Wahrheit wahr. In dem Wort Wahr-heit steckt auch das Wort Wahr-nehmung. Wie nimmst Du also die Welt wahr? Deine Wahrnehmung spiegelt nur Deine Wirklichkeit und nicht die Realität.

„Wir haben kein Wohnraumproblem und auch kein Singleproblem. Wir haben ein Bewertungsproblem."

1991 gab es knapp 12 Mio. Einpersonenhaushalte, 2018 waren es bereits 17,3 Mio. Statistiken zeigen, dass die Anzahl der Einpersonenhaushalte in den letzten 27 Jahren stetig gestiegen ist. Der Wohnraum wird vor allem in großen Städten immer knapper. Das Wohnraumproblem wird deshalb immer wieder auf das Singleproblem zurückgeführt.

Das Singleproblem ist allerdings kein Problem. Ganz im Gegenteil. Wir sind auf dem Weg zum wahrhaftigen Wir. Das heißt, wir gehen raus aus den ganzen Beziehungs-WGs und finden uns selbst. Wir probieren uns aus, legen uns nicht frühzeitig auf einen Partner fest. Scheidungen sind keine Schande mehr und zu einer Möglichkeit geworden. Wir gehen den Weg der Selbstverwirklichung. Und diese Selbstentfaltung braucht Raum. Wenn wir uns selbst gefunden haben, ist es viel leichter, den Menschen zu finden, der wahrhaftig zu uns passt und zu dem wir passen. Dann hat die wahre Liebe die Möglichkeit, sich zu entfalten.

Deshalb ist das Wohnraumproblem kein Singleproblem. Wir haben ein Bewertungsproblem. Wir empfinden die Wohnraumknappheit als doof und schieben es kurzerhand auf die Singlehaushalte. Das Singledasein ist allerdings essenziell wichtig, um wieder mehr auf unsere Bedürfnisse zu hören, um wieder glücklicher zu werden und damit auch geistig und körperlich gesünder zu sein. Wenn wir diese Stufe erreicht haben, dann ziehen wir auch wieder zusammen, weil es schön ist, zusammenzuleben und nicht, weil es notwendig ist.

Nur aktuell sind wir noch in der Stufe davor. Wir gehen weg von der Dependenz, der Abhängigkeit, also den Beziehungs-WGs, hin zur Unabhängigkeit, der Independenz und sind damit auf dem Weg, uns von Altem zu lösen, um uns für das Neue frei zu machen, für die Singlewohnung. Wir sind in einer Übergangszeit hin zur unabhängigen Abhängigkeit, der Interdependenz, sprich dem Liebes-Wir. Wenn wir den Menschen gefunden haben, der wahrhaftig zu uns passt, ziehen wir in die Liebes-WG und das Wohnraumproblem verringert sich wieder.

„Ermutigung unterscheidet sich von Entmutigung oftmals nur durch einen simplen Gedanken."

Deine Sicht auf die Dinge und ob Du eine eher positive oder negative Wahrnehmung hast, entscheiden darüber, ob Du Dich selbst durch Deine Gedanken und persönliche Haltung ermutigst oder entmutigst. Wenn Du ein Problem als etwas für Dich wahrnimmst, woran Du Dich entwickeln kannst, wirst Du Dich durch die Situation ermutigt fühlen. Wenn Du ein Problem als Hindernis und als etwas Negatives wahrnimmst, wirst Du Dich selbst durch Deine Wahrnehmung eher entmutigen.

Zudem spielt es eine Rolle, auf welche möglichen Konsequenzen einer Handlung Du Dich konzentrierst. Drehen sich Deine Gedanken darum, welche negativen Auswirkungen sie hat? Bist Du problemorientiert? Dann bist Du auch ängstlich, versuchst Dich abzusichern und entmutigst Dich.

Oder siehst Du in den Konsequenzen etwas Positives oder Möglichkeiten und kommst ins Gestalten? Bist Du häufiger dabei, Lösungen zu suchen? Dann bist Du eher ermutigt.

„Wirkliche Souveränität beweist Du, wenn Du Dich dem Leben stellst und ungeachtet aller Irritationen mit Gelassenheit weitermachst."

Deine Souveränität wird immer wieder von Widrigkeiten und Umständen in Deinem Leben auf die Probe gestellt. In Form von Ängsten, Konflikten und besonderen Menschen, die in Dein Leben kommen. Da zeigt sich erst wirklich, wo Du Deine Grenzen erweiterst. Wenn Du auf Menschen triffst und in Situationen kommst, die mächtig an Deinen Grenzen rütteln und Dich herausziehen wollen, zeigt sich, ob Du gelassen bleibst und einfach weitermachst.

Dein Ziel muss so groß sein, dass Du es immer siehst, egal wie groß die Steine sind, die Dir im Weg liegen. Souverän zu sein, bedeutet, dass Du Dich von den Widrigkeiten nicht aus Deiner Gelassenheit bringen lässt, sondern Kurs hältst, weil Du selbstsicher bist und Dir vertraust.

„Du hältst
eher Termine
mit anderen
als mit Dir
selbst ein."

Wie oft machst Du eigentlich Termine mit Dir selbst? Es ist kein Wunder, dass Du eher Termine mit anderen einhältst, wenn Du mit Dir selbst gar keine machst. Wenn Du Termine mit Dir selbst machst, wie oft hältst Du sie dann ein und wie oft nicht? Wie oft sagst Du Dir selbst kurzfristig ab, weil es doch wichtigere Dinge zu tun gibt? Und wie oft sagst Du Termine mit anderen ab? Die meisten Menschen sagen viel öfter Termine mit sich selbst ab, als die mit anderen. Ähnlich ist es mit Themen, die Du Dir immer wieder vornimmst und dann doch zugunsten der Dinge von anderen hinten anstellst.

Die Frage ist dabei immer: Wie wichtig bist Du Dir selbst? Und worauf legst Du Deine Prioritäten? Du bist völlig frei in Deiner Wahl, was eine hohe Priorität hat und was nicht. Es geht nicht darum, dass Du Dich selbst wichtiger nimmst, als die anderen. Es geht um das große Ganze, Dich und die anderen und darum, dass es ausgeglichen ist.

Wichtig ist, dass Du Deine Wahl immer aktiv und bewusst triffst. Wenn Du Deine eigenen Themen immer zugunsten der Themen von anderen hinten anstellst, dann beschwere Dich nicht, dass Du mit Deinem Thema nicht vorankommst. Du hast ja so gewählt. Wenn Du zu Deinen Dingen eher „Ja" sagst, brauchst Du zu den anderen Dingen auch nicht „Nein" zu sagen.

„Zeige nicht,
dass es Dir
schlecht geht,
sondern zeige eher,
dass Du besser
werden willst."

Du zeigst anderen, dass es Dir schlecht geht. Du beschreibst lediglich das Problem. Du machst Dich damit zum machtlosen Opfer der Situation, jammerst und bist passiv. Du bist völlig auf der emotionalen Ebene und lässt Dich von Deinen negativen Emotionen leiten. Du zeigst den anderen, dass Du auf der emotionalen Ebene abgeholt werden willst und bekommst höchstens Mitgefühl, im schlimmsten Fall Mitleid. Ist es das, was Du willst? Wenn ja, alles gut. Wenn nein, warum machst Du es dann?

Zeige eher, was gerade Phase ist und worin Du besser werden willst. Beschreibe die Situation oder das Problem und wie Du damit optimaler Weise umgehen möchtest. Dann beschreibst Du die Herausforderung, vor der Du stehst und bestenfalls bekommst Du Unterstützung und Hilfe.

Ob Du Dich im Dreck suhlst oder aus der Pfütze springst, ist Deine Wahl.

„Der *richtige* Moment ist jetzt."

Der richtige Moment, um endlich ins Tun zu kommen, ist immer JETZT. Im gegenwärtigen Moment wirst Du immer von der Zukunft inspiriert und lernst aus Deiner Vergangenheit. Es gibt keinen richtigen oder schlechten Moment. Es gibt immer nur Momente. Die Frage ist: Was machst Du aus diesem Moment? Es bringt nichts, immer alles auf morgen zu schieben. Du bestimmst mit Deiner Gegenwart, wie Deine Zukunft wird. Wenn Du es heute nicht angehst, warum solltest Du es dann morgen angehen? Beginne jetzt. Denn Deine Gewohnheiten im Kleinen bestimmen immer auch Deine Gewohnheiten im Großen. Wenn Du Deine kleinen Ziele nicht schaffst, schaffst Du auch die großen nicht. Wenn Du etwas jetzt nicht tust, warum solltest Du es dann in Zukunft tun?

Überlege Dir jeden Morgen, wie Du am gleichen Abend zu Bett gehen möchtest. Wie willst Du Dich fühlen? Was willst Du erreicht haben?

„Abenteuer
beginnen da,
wo Routine
endet."

Kennst Du das? Du stehst morgens auf, machst Dich für die Arbeit fertig, gehst zur Arbeit, kommst wieder heim, erledigst den Einkauf, isst Abendbrot und gehst wieder ins Bett. So geht es tagein und tagaus. Immer wieder die gleiche Leier. Du hoffst auf Deine 20 oder 30 Tage Urlaub und darauf, möglichst bald in den Ruhestand zu kommen. Die Frage ist allerdings nicht, ob Du gut durchkommst, sondern ob Du Dein Leben gestaltest.

Möchtest Du wie in einem Wachkoma leben oder soll Dein Leben ein Abenteuer sein? Willst Du auf einem schlappen alten Esel sitzen, oder eher wie ein Cowboy auf seinem Pferd durch den wilden Westen reiten? Möchtest Du über Berge, durch Wälder und Flüsse reiten? Oder lieber auf der Couch sitzen und Dich ausruhen? Nur wovon willst Du Dich überhaupt ausruhen, Du hast ja gar nichts gemacht? Möchtest Du am Ende des langen Ritts erschöpft und nassgeschwitzt vom Pferd steigen, mit dem Blick zurück und dem Wissen, dass das ein geiler Ritt war?

Wachkoma oder ein geiler Ritt des Lebens? Es ist Deine Wahl. Wenn Du wissen willst, wie Dein Leben mehr zu einem Abenteuer wird und wie Du aus der Routine herauskommst, bin ich Dein bester Ansprechpartner.

„Du bist nicht
auf der Welt,
um die Träume
anderer zu
zerstören!"

Hör auf, ständig destruktiv zu sein, alles schwarzzumalen und aus jeder Mücke einen Elefanten zu machen. Du berichtigst zu oft und zu gerne andere, Du setzt noch eins oben drauf oder gibst ungefragt Ratschläge. Da geht es immer nur um Dich selbst. Manchmal geht es allerdings einfach nur darum, dass der andere wieder ein gutes Gefühl bekommt oder sich auskotzt.

Und noch schlimmer ist: Wenn Menschen sich gut fühlen, toll fühlen, wenn sie in ihrem Traumschloss oder in ihrer Pipi-Langstrumpf-Welt leben, dann gibt es immer wieder andere Menschen, die sie da ungefragt herausreißen wollen, es zerstören wollen und ihnen die harte Realität ins Gesicht knallen.

Lass den anderen in seiner Traumblase, so lange er das möchte. Außer er fragt Dich um Rat oder bittet Dich um Hilfe und Unterstützung. Dann musst Du das allerdings auch nicht auf die harte Tour machen. Es gibt ja einen Grund, warum derjenige Träume hat. Und wenn es nur eine Flucht aus der Realität ist. Die meisten wissen selbst, dass es nur Spinnereien und Träume sind. Sie fühlen sich manchmal einfach gut an. Leben und leben lassen. Seins ist nicht Deins und Deins ist nicht Seins.

„Das Leben meint es immer gut mit Dir ... Es lässt immer etwas zu wünschen übrig."

Wenn Du denkst, es kommt nichts mehr, kommt immer noch etwas. Egal ob im negativen oder im positiven Sinne. Deine Pro-bleme sind immer für etwas gut. Egal ob Du denkst, es geht nichts mehr, dann kommt doch immer noch etwas Gutes. Nach dem Regen kommt Sonnenschein. Und nach dem Sonnenschein kommt eben wieder Regen. Es ist ein Zyklus. Und ich habe noch nie gehört, dass jemand vor Sorgen umgekommen ist. Du etwa?

Auch hier spielt es wieder eine wichtige Rolle, wie Du die Dinge wahr-nimmst. Es geht nicht darum, dass Du alles sofort und immer positiv sehen sollst. Dennoch solltest Du Deine Wahrnehmung erweitern. Im heißen Som-mer bringt Dir der Regen auch Abkühlung, er wässert Deinen Garten und hält die Natur am Leben. Fällt im Winter kein Schnee, dann gibt es auch weniger Unfälle. Wenn es im Herbst unablässig regnet, bringt Dir das die Leichtigkeit, einfach Mal den ganzen Tag in die Therme zu gehen und zu entspannen. Die Frage ist immer wieder: Was ist das Positive am Negati-ven? Wie erweiterst Du Deine Wahrnehmung?

Im Endeffekt gewinnst Du immer. Entweder Du bekommst, was Du willst oder Du hast eine Möglichkeit, zu lernen. In den kleinen Momenten, wie dem Regenguss im Hochsommer, hast Du die Möglichkeit, Gelassenheit zu üben.

„Dein Glaube kommt
aus der Vergangenheit,
wirkt auf die
Gegenwart und bringt
Dir die Ergebnisse
in der Zukunft."

Wechsle Deine Perspektive von Vergangenheit auf Zukunft komplett. Dazu ein kleines Gedankenexperiment: Wenn Du heute schon weißt, dass Du später sagst, dass früher alles besser war, dann muss ja heute ein fantastischer Tag sein, nicht wahr? Und wenn es nicht so ist, dann beweg Deinen Arsch. Mach heute das, worauf Du in der Zukunft rückblickend stolz sein wirst. Denn nicht nur die Vergangenheit beeinflusst die Zukunft, sondern auch das, was Du von der Zukunft hältst oder was Du in Zukunft willst, beeinflusst Deine Vergangenheit. Denn heute ist Deine Vergangenheit Deiner Zukunft.

Die Frage ist: Worauf legst Du Deinen Fokus?

- Legst Du Deinen Fokus darauf, woher Du kommst oder darauf, wohin Du willst?

- Legst Du Deinen Fokus darauf, wer Du bist, oder darauf, wer Du sein willst?

- Legst Du Deinen Fokus auf das Positive oder auf das Negative?

- Legst Du Deinen Fokus auf das, was Du erreicht hast oder auf das, was Du erreichen willst?

Die Vergangenheit wirkt auf die Zukunft und die Zukunft auf die Vergangenheit. Denn heute ist bereits die Vergangenheit.

„Lügen sind oft nur verzögerte Ehrlichkeit."

Kennst Du das? Du bist in einer brenzligen Situation, möchtest etwas nicht zugeben oder einen anderen Menschen nicht verletzen. Du servierst ihm lieber eine Notlüge, als wahrhaft ehrlich zu sein. Wie oft hat eine solche Notlüge schon zu Folgeproblemen geführt? Wie oft hast Du Dich danach schlecht gefühlt? Wie oft ist die Wahrheit letztendlich doch ans Licht gekommen? Und wie negativ war das Gefühl, als klar wurde, dass Du gelogen hast?

Die Flucht in eine Lüge, egal ob aus der Not heraus oder nicht, ist immer nur eine kurzfristig gedachte Lösung. Meist kommt die Wahrheit doch ans Licht. Du bist nur verzögert ehrlich. Das Schwerwiegende daran ist, dass die entlarvte Unehrlichkeit negative Folgen hat. Und das nicht nur im außen, also für andere, sondern vor allem für Dich. Denn das größte Problem beim Lügen ist die fehlende Integrität, also die fehlende Ehrlichkeit Dir selbst gegenüber. Wie sehr vertraust Du Dir selbst? Ist es das wirklich wert? Und was fehlt Dir und was brauchst Du noch, um nicht zu lügen?

„Aus Vergangenem
tolle Geschichten
zu basteln, ist
einfach zu gern
ein menschliches
Bedürfnis."

Oftmals fragst Du Dich, warum Du immer wieder den gleichen Scheiß erlebst. Ganz einfach. Weil Du mit negativen Gedanken aus der Vergangenheit Deine Zukunft gestaltest. Es ist deshalb grundlegend wichtig, aus Erfahrungen zu lernen, allerdings nicht daran festzuhalten.

Wie bereits erwähnt, haben wir alle nach dem Johari-Fenster einen blinden Fleck in unserer Psyche. Du blendest das geschickt aus, was Du an Dir nicht so klasse findest. Das ist an sich nichts Schlechtes, um Vergangenes als tolle Erinnerung im Gedächtnis zu behalten. Nicht nur, um Dich von altem Scheiß abzuwenden, sondern, um Dir Deine bereits gelebte Zeit so schön wie möglich in bewusster Erinnerung zu behalten.

Das Problem dabei ist, dass das Negative, das passiert ist, häufig dennoch im Unterbewusstsein weiterarbeitet. Dadurch, dass es sich im Unterbewusstsein abspielt, kannst Du es nicht greifen. Es arbeitet zudem nicht nur unterbewusst weiter, sondern lenkt und leitet Dich auch zukünftig. Ist es das, was Du willst? Dir die Dinge schönreden oder ist es nicht vielleicht schöner, die Dinge schöner zu machen? Statt sie einfach nur schönzureden?

„Wer viel fragt, bekommt nicht nur viele Antworten, sondern wird auch einfach nur vollgequatscht."

„Wer fragt, führt." Das ist per se nichts Schlechtes, denn wenn die Frage gescheit ist, geht auch die Führung in eine gescheite Richtung.

Es ist immer gut, Fragen zu stellen. Es gilt immer der Grundsatz: Wenn Du eine Frage hast, dann stelle sie. Ob Du gute Fragen stellst und dann auch gute Antworten bekommst, hängt davon ab, ob Du eine gescheite Frage stellst. Wenn Du also nicht nur Fragen um des Fragens willen stellst, sondern gescheite Fragen für gescheite Antworten, dann wirst Du auch nicht zugequatscht mit Dingen, die Dich nicht interessieren und Dich nicht weiterbringen.

Du musst allerdings trotzdem damit rechnen, dass Du zugequatscht wirst. Natürlich passiert es trotzdem immer wieder, dass Du zugetextet wirst, obwohl Du eine gescheite Frage gestellt hast. Nur die Frage ist: Willst Du Deine Ruhe oder willst Du den anderen wirklich verstehen? Willst Du wirklich mit ihm zusammenarbeiten? Willst Du Dich selber weiterentwickeln? Dann ist es das Beste, Fragen zu stellen. Und Du weißt vor allem, woran Du wirklich bist.

„Wirklichkeit wirkt –
auch wenn das
manchmal
unbequem ist."

Realität ist das, was da draußen tatsächlich ist und Wirklichkeit ist das, was Du daraus machst. Alles das, was Du denkst und fühlst, wirkt nach außen. Das, was im Außen ist, wirkt zugleich nach innen. Das ist ein Perpetuum mobile. Es wirkt immer. Egal, ob es gute oder schlechte Gedanken oder Erfahrungen sind. Sie wirken immer.

Deine Wirklichkeit wirkt, auch wenn sie nicht der Realität entspricht. Das, was Du aus Deinen Erlebnissen machst und wie Du denkst, ob Du eher problem- oder lösungsorientiert bist, ob Du eher das Positive oder das Negative siehst, alles wirkt. Und wenn alles wirkt, dann brauchst Du Dir auch nicht unbedingt die Frage zu stellen, was Realität und was Wirklichkeit ist. Nur manchmal ist die Realität weniger hart, als das, was Du daraus machst.

„Dein Ziel
muss so groß sein,
dass Du es noch
erkennen kannst,
wenn plötzlich
Hindernisse
auftauchen."

Wir alle haben Ziele und einen Willen und kommen auch ganz gut vorwärts. Dann gibt es da allerdings immer wieder den einen Kollegen, der wieder zur Tür reinkommt, der Chef, der noch eine Aufgabe hat, die Kinder, die nicht so mitmachen, wie Du willst oder der Partner, der noch etwas von Dir braucht ... Noch eine E-Mail, die reinkommt, noch ein Anruf und, und, und ... Lass Dich von diesen Störern nicht direkt und auch nicht voll und ganz abhalten. Fokussiere Dein Ziel so sehr, dass es in Deiner Wahrnehmung der große Berg ist, der die Störungen überragt. Der Berg, den Du siehst, auch wenn Hindernisse auftauchen.

Dein Ziel ist so groß, so stark und so klar, dass Du es bei allem, was kommt, immer vor Augen hast. Auch wenn Schwierigkeiten und Probleme auftreten, die Dich zwischendurch vielleicht zweifeln lassen, ob sich das noch lohnt. Dein Ziel ist so groß, so stark und mit einer solchen Kraft verbunden, dass Du — ganz egal, was kommt — spürst und weißt, dass Du das schaffst. Du musst nichts, außer Dein Ziel ist so stark, dass Du es einfach erreichen musst. Weil es Dich so anmacht, weil es das Feuer in Dir entfacht und Deine Leidenschaft ist, weil es Deine Mission ist.

„Liebe Dich selbst
oder
hasse die anderen."

Oftmals machst Du Dein Selbstbild von anderen Menschen abhängig. Diese Abhängigkeit führt nie zu echtem Selbstwert und Anerkennung Deiner Person. Wenn Du beispielsweise ein paar Gramm mehr wiegst und nicht dem Schönheitsideal der Werbung entsprichst, hast Du zwei Möglichkeiten damit umzugehen. Entweder Du regst Dich über die Werbung auf und hasst alle anderen, weil Du Dich ungerecht behandelt fühlst. Oder Du beginnst, Dich von der Meinung anderer Menschen unabhängig zu machen, liebst Dich selbst, so wie Du bist und hast kein Problem mehr. Und wenn Du nicht in der Lage bist, Dich selbst zu lieben, dann frag Dich, warum das so ist und ob Du Dich entwickeln möchtest.

Erst wenn Du Dich selbst liebst, bist Du in der Lage, einen anderen Menschen wahrhaftig zu lieben. Erst wenn Du Dich wirklich okay findest, findest Du auch andere wirklich okay. In dem Moment, in dem Du andere hasst, hasst Du im Grunde genommen Dich selbst oder einen Teil von Dir. Du hast die Möglichkeit, zu versuchen, andere mehr zu lieben und Dich so besser zu akzeptieren. Das ist allerdings der lange Weg, der im Außen verläuft. Der ist schwieriger und nicht unbedingt von Erfolg gekrönt. Denn was ist, wenn die anderen nicht mitmachen? Deswegen öffnen sich die meisten Türen von innen nach außen. Das heißt für Dich: Reflektiere, gehe nach innen, schau auf Deinen Selbstwert, Deine Selbstliebe, Dein Selbstvertrauen und frage Dich, warum alles so ist, wie es ist und was Du alles tun kannst, solltest und möchtest.

„Schmerz ist immer
das Ergebnis und
nie die Ursache."

Schmerz ist nie die Ursache. Er ist immer das Ergebnis. Irgendwo muss der Schmerz immer herkommen, entweder körperlich oder psychisch. Viele Erkrankungen, die wir bekommen, haben eine psychosomatische Ursache. Das heißt, dass Dein Geist eine psychische Belastung wie Stress oder Trauer nicht mehr auf der unbewussten emotionalen Ebene verarbeiten kann. Du kennst Aussagen wie „Da ist mir ein Stein vom Herzen gefallen", „Die Nachricht hat mir auf den Magen geschlagen", oder „Ich habe die Nase voll." Deine Psyche macht Deinen Körper krank, damit Du eine Pause einlegst oder zumindest einen Gang zurückschaltest.

Jede Erkrankung und jeder Schmerz ist wie auch jedes Problem für etwas gut. Die Frage ist, findest Du heraus, wofür? Wenn Dein Schmerz für etwas gut ist, dann musst Du nicht gleich dankbar dafür sein. Respektiere allerdings den Schmerz und das Signal Deines Körpers. Respektiere, dass es da ist. Versuch nicht sofort, nur das Symptom zu heilen, sondern die wahre Ursache zu entdecken. Was wollen Dir Dein Körper und die Reaktion Deines Körpers sagen?

„Oft bist Du so
unglaublich vorsichtig,
dass sich das Glück
gar nicht mehr
an Dich herantraut."

Du kennst sicher den Spruch „Sei vorsichtig!", „Überlege lieber vorher, ob das gut ist", oder, „Man kann sich nie sicher sein." Fakt ist, dass die vielen Generationen vor Dir auf Sicherheit getrimmt waren. Das machte auch alles Sinn. Du hast heute die Wahl, ob Du eher auf Sicherheit setzen möchtest, oder eher auf Risiko und Möglichkeit. Dir steht es frei, immer wieder neu zu wählen. Die Frage ist, wie schaffst Du es, zu gestalten, ohne in eine Unsicherheit zu geraten?

Erst mit der Chance und mit dem Risiko kommst Du in den Bereich des Möglichen, Deiner Potenziale und in die Gestaltungsmöglichkeiten. Nur wenn Du Möglichkeiten und immer wieder Ideen in Deinem Leben erschaffst, kommen wiederum mehr Möglichkeiten in Dein Leben, ganz nach dem Gesetz der Resonanz. Nur wenn Du das Chancendenken dem Risikodenken bzw. das Möglichkeitsdenken dem Wahrscheinlichkeitsdenken vorziehst, bist Du wahrhaft in der Lage, Glück nicht nur zu erkennen und zu bekommen, sondern es Dir selbstwirksam zu erschaffen.

„Oftmals willst
Du gar keine
echte Verantwortung
übernehmen,
Du willst Dich
einfach nur
besser fühlen."

Oftmals willst Du Dich nur verantwortlich fühlen und nicht wahre Verantwortung übernehmen, weil Du die Anerkennung und die Aufmerksamkeit suchst. Du willst etwas zu sagen haben und andere delegieren. Tust Du etwas aus den genannten Gründen? Dann lass es. Ein Unternehmen und ein Projekt dienen nicht einfach nur Deinem guten Gefühl. Das kannst Du Dir auch woanders holen.

Wenn Du andere delegieren willst, wirst Du maximal Vorgesetzter.

Wenn Du Ansprechpartner sein willst, dann werde Supervisor oder fachlicher Berater.

Wenn Du Dich verantwortlich fühlen willst, dann übernimm Verantwortung für Dein Leben und lass die anderen in Ruhe.

Wenn Du wahrhaftig Verantwortung für etwas Größeres übernehmen willst, dann gibt es nur einen Grund, um Großes zu bewirken. Verantwortung wahrhaftig zu übernehmen ist Selbstzweck und kein Mittel, um eine bessere Position zu bekommen, ein bestimmtes Projekt zu leiten, Ansprechpartner zu sein oder Anerkennung zu bekommen.

„Wahrhaftiges
Vertrauen
schaffst Du nur,
wenn Du alles,
was kommt,
mit Zuversicht
statt Hoffnung
annimmst."

Hoffnung bringt Dich immer eher in eine Opferrolle. Du hoffst, dass sich eine Situation von alleine klärt oder ein anderer sie löst. Hoffnung trübt immer Deinen objektiven und realistischen Blick. Durch Zuversicht hingegen weißt Du, dass Du durch Dein Tun die Situation beeinflusst. Vertrauen ist hingegen einfach da, egal, was Du bisher erlebt hast. Die Erlebnisse und Erfahrungen, die Du gemacht hast, bestätigen nur Deine Vorstellung von Vertrauen, dienen allerdings nicht dem Vertrauen selbst. Das Urvertrauen ist das Wichtige.

Wenn Du das Urvertrauen in Dir hast, dann hast Du auch Vertrauen zu allem und allen anderen. Dann brauchst Du weniger Kontrolle. Wenn Du weniger kontrollierst und mehr Zuversicht hast, hast Du mehr in der Hand und lässt vor allem die anderen machen. Und wenn Du mehr in der Hand hast, gehst Du lockerer an die Dinge heran. Diese Gelassenheit verschafft Dir wiederum die Freiheit, in den Dingen nicht nur ein Risiko zu sehen, sondern vor allem eine Chance. Diese Chancen zu sehen, gibt Dir die Zuversicht, die Du brauchst, um wahrhaftig vorwärts zu kommen.

„In unsicheren Momenten mutig zu sein, schafft Souveränität."

Nicht falsch verstehen. Es geht nicht darum, sofort in allen Dingen sicher zu sein. Das ist absolut utopisch und lebensfern. Es geht viel mehr um die Frage, wo Du bis heute unsicher bist und was Du jetzt tun kannst, um etwas sicherer zu sein. Wie gehst Du zukünftig mit Dingen um, bei denen Du unsicher bist? Und was bringt es Dir eigentlich, die Dinge dennoch anzugehen, obwohl Du unsicher bist? Naja, Du lernst aus ihnen, um besser zu werden und Du erweiterst Deine Komfortzone, damit Du sie eben nicht verlassen musst.

Um in unsicheren Momenten Potenzial zu erkennen, braucht es Mut. In unsicheren Momenten Mut zu haben, schafft Souveränität und vor allem Zuversicht, statt immer nur Hoffnung zu haben.

„Es fällt uns leichter,
Liebe zu geben,
als darum zu bitten."

Liebe ist ein Geschenk. Deshalb gibst Du sie gern, weil dieses Geschenk kaum einer abwehren würde. Deswegen ist es so leicht, Liebe zu geben. Du weißt, wie Du Liebe gibst. Oftmals gehst Du davon aus, dass der andere Anerkennung, Liebe und Wertschätzung am liebsten auf die Art und Weise haben möchte, wie Du sie selber gern bekommst. Das ist ein Denkfehler, denn Du weißt nicht, was der andere wirklich haben möchte.

Die Frage ist außerdem: Wie leicht nimmt der andere das Geschenk, die Liebe, an? Wie leicht lässt der andere diese zu? Noch viel interessanter ist, wie leicht schaffst Du es, um Liebe zu bitten? Das geht oft nicht so leicht, weil Du demütig und unterwürfig bist.

Beschenke doch jemanden einfach Mal und warte seine Reaktion ab. Wie ist die Reaktion der meisten Menschen, wenn sie ein Geschenk bekommen? Wie reagierst Du, wenn Du ein Geschenk bekommst? Sagst Du: „Oh, wofür ist das denn?", oder: „Oh, das ist doch gar nicht nötig", oder: „Oh, jetzt hab ich gar nichts für Dich"? Du wehrst das Geschenk ab und bist Dir dessen nicht bewusst. Oder ist Deine Reaktion eher: „Danke", oder: „Danke, genau das habe ich verdient", oder: „Danke, es ist genau richtig, dass ich das bekomme"?

Noch interessanter ist es, wenn Du jemandem sagst, dass Du ihn liebst. Dann kommt immer eine Rechtfertigung. Deshalb ist es immer leichter, Liebe zu geben, als Liebe anzunehmen. Noch viel schwerer ist es, um Liebe zu bitten. Warum? Du willst dem anderen nicht zur Last fallen und gleichzeitig auch nicht als unterwürfig dastehen. Du willst weniger Gefühle, weniger Schwäche und weniger Verletzlichkeit zeigen. Du willst dadurch nicht abhängig sein. Das ist gerade das Schizophrene: Wenn wir alle wissen, dass es leichterfällt, Liebe zu geben, dann müsste es uns allen auch leichtfallen, darum zu bitten, weil wir wissen, wie leicht das Geben ist.

„Manchmal ist das Pro-aktivste, was Du tun solltest, einfach glücklich zu sein und zu lächeln."

Du gestaltest Dein Leben proaktiv und möchtest es möglichst positiv entwickeln. Du bemühst Dich und suchst weitere Möglichkeiten. Trotzdem wirst Du immer wieder mit Problemen konfrontiert. Probleme kommen niemals allein. Wenn Du eins gelöst hast, kommt das nächste. Eins ist allerdings Fakt: Egal, was kommt, es geht immer weiter. Wenn es gut läuft, läuft es gut weiter. Wenn es zwischendurch nicht ganz so gut läuft – danach geht es gut weiter.

Wenn Du weißt, dass es immer weitergeht und auch immer wieder schöner und besser kommt, wenn es mal scheiße läuft, dann kannst Du Dich doch direkt freuen. Und mit dieser Grundlage, dass Du glücklich bist und die Dinge lächelnd angehst, schaffst Du wesentlich mehr Raum und Freiheit für die wahrhaftig schönen Dinge, um überhaupt wieder aus dem Negativen herauszukommen. Wenn Du schlecht drauf bist, kommst Du nicht unbedingt auf die besten Ideen, sondern Du versuchst nur, irgendwie aus der Scheiße herauszukommen. Fang schon auf dem Zenit, wo es Dir richtig gut geht, an, zu überlegen, wie es danach weitergeht. Was kannst Du weiterhin tun?

„Es geht nicht darum,
der Beste zu sein,
sondern das Beste
rauszuholen."

Kennst Du das von Dir und auch von anderen, dass Du versuchst, das Beste zu geben? Kennst Du die Aussage Deiner Eltern: „Kind, gib Dein Bestes! Sei der Beste!"? Der Beste zu sein, ist der Vergleich mit allen anderen, damit orientierst Du Dich mehr nach links und rechts. Sprich, wo stehst Du im Vergleich zu allen anderen? Die Frage ist allerdings: Wo stehst Du im Vergleich zu dem Punkt, wo Du hin willst? Schaue eher bei Dir selbst, wer Du bist und welche Fähigkeiten und Fertigkeiten Du hast.

Mach Dir, wenn, dann nur positiven Druck im Sinne von: Das Beste geben, statt der Beste zu sein. Das Beste zu geben, orientiert sich an Deinem Ziel, Deinem Wunsch, Deinem Traum, Deiner Vision und Deiner Mission. Hole das Beste aus Dir raus. Und zwar weniger aus dem, was Du hast, als vielmehr aus dem, was Du haben kannst. Welche Potenziale hast Du und welche hast Du noch nicht, die Du noch entwickelst? Welche Potenziale schöpfst Du noch nicht aus? Wie bewusst oder unbewusst machst Du etwas und wie gehst Du an etwas heran? Welche Gedanken, Glaubenssätze und Prinzipien hast Du, die Dich dort hinführen, statt Dich einzuschränken?

„Schaffe Dir statt
noch mehr To-Dos
lieber mehr Ta-Dās."

To-Do-Listen sind kacke, wenn sie nie ein Ende nehmen, wenn Du Dir immer nur Aufgaben stellst, die lediglich Mittel zum Zweck sind und wenn Du Dich immer wieder in den Aufgaben verlierst, ohne Dein wahrhaftiges Ziel im Blick zu behalten.

Wichtiger als Aufgaben zu erledigen, etwas abzuarbeiten oder beschäftigt zu sein, ist es, Deine Ziele, Wünsche, Träume und Visionen zu erreichen. Deswegen braucht es mehr Ta-Dās: Was hast Du eigentlich bisher geschafft? Was hast Du gegebenenfalls eliminiert, delegiert, terminiert oder vor allem umgesetzt? Was waren die schönen Dinge des Tages? Was hast Du endlich erledigt? Was hast Du wegbekommen? Was waren die dringenden Dinge? Und vor allem: Welche wahrhaft wichtigen Dinge hast Du geschafft?

Mach Dir morgens eine To-Do-Liste mit den Dingen, die Du tun möchtest und abends eine Ta-Dā-Liste mit all Deinen Erfolgserlebnissen.

„Wie weit Du kommst,
hängt davon ab,
wie weit Du gehst."

Du bleibst oftmals in den Gedanken hängen, was Du in Deinem Leben noch machen möchtest. Doch welche Schritte gehst Du nicht nur gedanklich, sondern wahrhaftig? Du gehst meist eher kleine Schritte, was an sich richtig ist, allerdings ist das auch nur ein Weg, eine Wahrheit. Oftmals werde ich in Coachings gefragt, wie ein 5-Jahres-Plan erreicht wird. Ich mache dann gemeinsam mit dem Menschen den 5-Jahres-Plan und wenn er fertig ist, frage ich zum Schluss: Was spricht dagegen, das alles in einem Jahr zu schaffen?

Dein Perfektionismus spielt an dieser Stelle eine große Rolle. Du willst am Anfang immer schon alles super und perfekt machen, weißt allerdings noch gar nicht, wie weit Du überhaupt kommst.

In wissenschaftlichen Studien wurde herausgefunden, dass wir, wenn wir denken, an unserer Grenze angelangt zu sein, gerade 20-30 % unseres Potenzials ausgeschöpft haben. Es gibt immer mehrere Grenzen und es geht darum, Deine wahrhaftigen Grenzen auszuloten. Sind es Deine gedachten Grenzen, oder die, die Du wirklich körperlich, seelisch oder geistig spürst?

SPRÜCHEKLOPFER? Inspiration durch Provokation  SPECIAL EDITION 1

# Fazit

Das war er, der dritte Teil von „Sprücheklopfer?". 52 Sprüche. 52 Mal Provokation. 52 Mal schmunzeln. 52 Mal neue Perspektiven oder sogar mehr. Ich habe Dir gezeigt, was Selbstvertrauen mit Zuversicht zu tun hat und warum Hoffnung immer eher eine Opferhaltung ist. Du weißt jetzt, was Ratschläge und Mitleid bewirken, neben Deiner positiven Absicht dahinter. Und in vielen Sprücheklopfern habe ich Dich auf eine provokante Art inspiriert, Deine Träume, Ziele, Visionen und Prioritäten zu hinterfragen. Was ist Dir wirklich wichtig? Was ist Dein Sinn des Lebens? Was nimmst Du Dir aus diesem Büchlein mit?

Hast Du Dich zwischendurch beim Lesen gefragt „Darf er das?", oder hast Du Dich über etwas, das ich rausgehauen habe, aufgeregt? Wenn ja, wunderbar. Genau das ist mein Ziel: Inspiration durch Provokation. Warum hat Dich der Spruch dann so sehr aufgeregt? Was hat er vielleicht mit Dir und Deinem Denken zu tun? Welcher Spruch hat Dich am meisten bewegt und zum Denken angeregt? Und das Wichtigste: Was passiert jetzt damit?

Es ist allein Deine Wahl, was Du aus Deinen Erkenntnissen machst. Auch an dieser Stelle werde ich Dir keine Empfehlung aussprechen. Fühlst Du Dich in Deiner Meinung und Denkweise bestärkt? Oder willst Du vielleicht Deine Denkweise überdenken und entwickeln? Mein drittes Sprücheklopfer-Buch soll dafür eine charmante, wohlwollende und mit einem zwinkernden Auge provozierende Hilfe sein.

Alles Gute, Dein Daniel

SPRÜCHEKLOPFER? Inspiration durch Provokation   SPECIAL EDITION 1

# Über den Autor

## Daniel Hoch nimmt kein Blatt vor den Mund

Daniel Hoch kennt keine Tabus und legt die Karten offen auf den Tisch. Seit über 15 Jahren forscht und referiert der Top Speaker und Life-Coach auf höchstem Niveau in den Bereichen: Klarheit, Souveränität und Erfolg. Auf faszinierende Weise verbindet er Wissen mit Entertainment und hilft so Menschen, ihr bisher unentdecktes Potenzial bewussterzumachen und vollkommener auszuschöpfen. Mit einer großen Prise Unverfrorenheit stellt er den inneren Dialog seiner Zuhörer und Zuschauer spürbar auf Erfolg und zieht so jedes Publikum in seinen Bann. Daniel Hoch repräsentiert den Weg der ambivalent wohlwollenden Provokation in Perfektion. Erleben Sie Tränen der Betroffenheit und der Freude.

Nominiert für den RED FOX AWARD 2019 und 2020 und ausgezeichnet vom Magazin Focus als Trainer des Jahres 2016, hat er inzwischen 17 Bücher und zahlreiche Fachpublikationen veröffentlicht. Mehr als 10.000 Teilnehmer besuchen jedes Jahr seine Seminare und Vorträge. Als Experte steht er regelmäßig in Funk und Fernsehen vor der Kamera. An Hochschulen und Universitäten ist er als Profi ein sehr begehrter Gastdozent. Lassen Sie sich von Daniel Hoch berühren, wachrütteln und begeistern.

## Portfolio / Vorträge

- MINDPUNK® – Denken und Leben für neue Götter
- KOPFKINO – Warum der richtige Fokus lebensentscheidend ist
- RESILIENZ – Umgang mit Krisen & Veränderungen
- AUFSCHIEBERITIS® – Wie Du Dich und Deine Gewohnheiten in den Griff bekommst
- KLARTEXT – Geheimnisse erfolgreicher Kommunikation
- KÖRPERSPRACHE – Die Zunge lügt, der Körper nie

## Kontaktdaten

E-Mail:    presse@danielhoch.com
Web:       www.danielhoch.com
Telefon:   0341 22814045

# Veröffentlichungen
# von Daniel Hoch

## MINDPUNK®
## Denken und Leben für neue Götter

Die Veränderungen da draußen sind rasant und chaotisch: Die neue Welt prallt auf das alte Denken und es gibt einen gewaltigen Clash! Human (R)Evolution – Krieg der Werte und Generationen. Darwin ist out. Was hilft, ist ein Paradigmenwechsel ohne Wenn und Aber, denn Changemanagement ist tot und Veränderung funktioniert nicht mehr.

Auf ernsthafte und zugleich charmante Art zeigt Daniel Hoch, wie jeder Mensch zum MINDPUNK® wird: Welche Prinzipien in Zeiten des Wandels von Kulturen, Werten und Generationen immer wichtiger werden und wie wir sie leben. Er inspiriert mit Einblicken in seine persönliche Entwicklung und mit Momenten aus dem Leben – für das Leben. Für alle.

ISBN Hardcover:  978-3-948767-04-4
ISBN E-Book:     978-3-948767-05-1
ISBN Hörbuch:    978-3-948767-06-8

Preis: 29,99 €

## CHECK YOUR LIFE!
### Fragen für Dich & Dein Leben

Viele Menschen wünschen sich ein Leben, das mehr ihrem Sinn entspricht. Nur irgendwie klappt es nicht. Um der eigenen Lebensvision Stück für Stück näher zu kommen, braucht es Selbstreflexion. Denn die Gründe, warum wir noch nicht das Leben führen, von dem wir träumen, liegen immer in uns, im Selbst.

Um Deine Antworten des Lebens zu finden, stellt Dir Daniel Hoch in seinem Workbook „CHECK YOUR LIFE! Fragen für Dich & Dein Leben" 99 tiefgreifende und zum Teil provokante Fragen, die Dir helfen, Dich intensiv und nachhaltig zu reflektieren. Mit CHECK YOUR LIFE! entfaltest Du neue, bisher unentdeckte Potenziale, findest mehr Deinen Sinn und gewinnst Klarheit darüber, wie Du Dein Leben erfüllender er-schaffst und gestaltest.

ISBN Paperback:  978-3-948767-00-6
ISBN E-Book:  978-3-948767-01-3
ISBN Hörbuch:  978-3-948767-41-9

Preis: 24,99 €

## TUN®
## Am Ende zählt nur das Ergebnis, nie die Ausreden.

Die Buchinhalte sind Ihr täglicher Ratgeber gegen die „Aufschieberitis®", um die privaten und beruflichen Ziele definitiv und sinnvoll zu erreichen. Die Rezepte beziehen sich nicht nur auf Ihr persönliches Handeln, sondern vor allem auf das unternehmerische und zielorientierte TUN®.

ISBN Paperback:  978-3-948767-02-0
ISBN E-Book:     978-3-948767-03-7
ISBN Hörbuch:    978-3-948767-40-2

Preis: 24,99 €

## AUFSCHIEBERITIS® –
## Die Volkskrankheit Nr. 1

In der zweiten Auflage dieses Buches erfahren Sie alles über Ursachen, Symptome sowie schwerwiegende Nebenwirkungen der Volkskrankheit „Aufschieberitis".

Lesen Sie, wie Sie mit dieser scheinbar harmlosen, aber auf weite Sicht lebensbedrohliche Diagnose umgehen. Nutzen Sie Daniel Hochs neue Erfolgsrezepte, um die Krankheit zu besiegen und schützen Sie sich vor erneuter Ansteckung! Die zweite Auflage überzeugt durch neue Erkenntnisse, aktuelle Studien und Interviews: Damit bezwingen Sie Ihren Schweinehund garantiert!

ISBN Paperback:  978-3-948767-07-5
ISBN E-Book:  978-3-948767-08-2
ISBN Hörbuch:  978-3-948767-98-3

Preis: 19,99 €

## AUFSCHIEBERITIS®
## bei Führungskräften

In diesem Buch erkennen Sie Ursachen, Symptome und schwerwiegende Nebenwirkungen der „Volkskrankheit Aufschieberitis® bei Führungskräften". Nutzen Sie die Erfolgsrezepte der beiden Führungskräfte-Coaches Daniel Hoch und Christine Carus für Ihren eigenen Führungsalltag. Bezwingen Sie mit den Erkenntnissen Ihren Schweinehund und handeln Sie!

ISBN Paperback:  978-3-948767-09-9
ISBN E-Book:     978-3-948767-10-5
ISBN Hörbuch:    978-3-948767-46-4

Preis: 19,99 €

## AUFSCHIEBERITIS®
## bei Studenten

In diesem Buch erkennst Du Ursachen, Symptome und schwerwiegende Nebenwirkungen der „Aufschieberitis®" bei Studenten. Nutze meine Erfolgsrezepte als Führungskräfte- und Mental Coach für Deinen Studentenalltag. Bezwinge mit diesen Erkenntnissen und Rezepten Deinen Schweinehund!

ISBN Paperback:  978-3-948767-11-2
ISBN E-Book:     978-3-948767-12-9
ISBN Hörbuch:    978-3-948767-47-1

Preis: 14,99 €

## Leadership Bibel
## Klarheit und Souveränität in der Führung

Souveräne Führung hat zwei wichtige Zielsetzungen: Einerseits das wirtschaftliche Ergebnis, also die Zahlen, Daten, Fakten und andererseits die Erfüllung der menschlichen Bedürfnisse aller Teammitglieder, um produktiv mit Freude zu arbeiten. Eine souveräne Führungskraft vereint beides und entwickelt ein prinzipienorientiertes Führen auf Basis der Eigenverantwortung jedes Teammitglieds. So schöpfen Sie die Potenziale des gesamten Teams aus und schaffen Arbeitsfreude in einem innovativen Füreinander.

Daniel Hoch zeigt Ihnen in der „Leadership Bibel", wie Sie durch Prinzipien moderner Führung mehr Klarheit und Souveränität schaffen. Sie erfahren, wie Sie sich als Führungskraft optimal organisieren und lernen, wie Sie erfolgreich und klar kommunizieren. Er-schaffen Sie ein völlig neues Arbeitsgefühl für Ihr Team und für Sie selbst.

ISBN Paperback:  978-3-948767-23-5
ISBN E-Book:     978-3-948767-24-2
ISBN Hörbuch:    978-3-948767-37-2

Preis: 14,99 €

## Home Office Bibel
### Digital Leadership | Virtuelle Meetings
### Produktives Arbeiten

Home Office – Der Traum des Einen und der Fluch des Anderen klingt nach weniger Stress, weniger Konflikte mit anderen, keine Fahrtwege und mehr Freiraum. Das ist nicht nur der Wunsch vieler Menschen, sondern auch eine absolute Herausforderung.

In der „Home Office Bibel" zeigt Ihnen Daniel Hoch seine wirkungsvollsten Tricks & Rezepte zu den Themen: Digital Leadership, Virtuelle Meetings und Home Office Working. Sie erfahren, welche Prinzipien Ihnen zu mehr Produktivität verhelfen, wie Sie Ihre Selbstmotivation enorm steigern und wie Sie mit Störenfrieden und Fettnäpfchen souverän umgehen.

ISBN Paperback:  978-3-948767-35-8
ISBN E-Book:  978-3-948767-36-5
ISBN Hörbuch:  978-3-948767-39-6

Preis: 14,99 €

## Sales Bibel — Die heilige Schrift
## für erfolgreiche Verkäufer im Einzelhandel

Was macht den professionellen Verkäufer aus? Talent? Einsatz? Know-how? Die Antworten gehen von den Grundlagen im Denken bis hin zu extrem treffsicheren Geheimtipps. Aus vielen Strategien, Rezepten und Ideen ist dieses Handbuch entstanden, das als Standardwerk für den Verkauf dient, um eine Top-Performance zu erreichen.

ISBN Paperback:  978-3-948767-19-8
ISBN E-Book:  978-3-948767-20-4
ISBN Hörbuch:  978-3-948767-45-7

Preis: 14,99 €

## 33 Rezepte
## gegen Aufschieberitis

Ohne Schnickschnack — einfach Rezepte, Rezepte und Rezepte. In der Trilogie bekommst Du in jedem Teil dreiunddreißig Rezepte gegen die Aufschieberitis®. Egal, wo sie auftritt, woher sie kommt und welche Ausreden Dich abhalten. Manchmal müssen wir es nicht verstehen, sondern einfach loslegen. Die Ideen und Hilfe bekommst Du hier. Inspirieren und ausprobieren. Tun.

33 Rezepte gegen Aufschieberitis · Teil 1
ISBN Paperback:  978-3-948767-13-6
ISBN E-Book:      978-3-948767-14-3
ISBN Hörbuch:     978-3-948767-48-8

33 Rezepte gegen Aufschieberitis · Teil 2
ISBN Paperback:  978-3-948767-15-0
ISBN E-Book:      978-3-948767-16-7
ISBN Hörbuch:     978-3-948767-49-5

33 Rezepte gegen Aufschieberitis · Teil 3
ISBN Paperback:  978-3-948767-17-4
ISBN E-Book:      978-3-948767-18-1
ISBN Hörbuch:     978-3-948767-50-1

Teil 1, 2 & 3 zusammen
Preis: 24,99 €

## Sprücheklopfer?
## Inspiration durch Provokation
## SPECIAL EDITION 1

Daniel Hoch kennt keine Tabus und haut raus, was sonst keiner sagt – dazu gehören auch bitterböse Wahrheiten. Die Sau muss einfach mal rausgelassen werden, denn, wann darf sie das im Alltag schon mal? Die teuflische Variante, die schwarze Edition, enthält 52 Sprüche, die es in sich haben. Sie fordern Dich heraus und inspirieren Dich dazu, Dein Denken zu hinterfragen. Dafür sind Gedanken, Gewohnheiten und Situationen, die Du kennst, teilweise überspitzt, bösartig und satirisch dargestellt. Manche brauchen es einfach ein bisschen härter, um ihren Allerwertesten zu bewegen und den Kopf zum Denken anzuschmeißen. Für genau diese Menschen ist die SPECIAL EDITION der Sprücheklopfer gedacht.

Sprücheklopfer? – Inspiration durch Provokation · SPECIAL EDITION 1

ISBN Hardcover:  978-3-948767-31-0
ISBN E-Book:  978-3-948767-32-7
ISBN Hörbuch:  978-3-948767-38-9

Preis: 14,99 €

Zeitfracht Medien GmbH
Ferdinand-Jühlke-Straße 7
99095 Erfurt, Deutschland
produktsicherheit@kolibri360.de